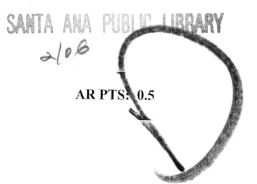

D0579874

Steven Spielberg

Jonatha A. Brown

Consultora de lectura: Susan Nations, M.Ed., autora/tutora de alfabetización/consultora

WR WEEKLY READER
EARLY LEARNING LIBRARY

Please visit our web site at: www.earlyliteracy.cc
For a free color catalog describing Weekly Reader® Early Learning Library's list
of high-quality books, call 1-877-445-5824 (USA) or 1-800-387-3178 (Canada).
Weekly Reader® Early Learning Library's fax: (414) 336-0164.

Library of Congress Cataloging-in-Publication Data available upon request from publisher.
Fax (414) 336-0157 for the attention of the Publishing Records Department.

ISBN 0-8368-4585-4 (lib. bdg.)
ISBN 0-8368-4592-7 (softcover)

This edition first published in 2005 by
Weekly Reader® Early Learning Library
330 West Olive Street, Suite 100
Milwaukee, WI 53212 USA

Copyright © 2005 by Weekly Reader® Early Learning Library

Based on *Steven Spielberg* (Trailblazers of the Modern World series) by Geoffrey M. Horn
Editor: JoAnn Early Macken
Designer: Scott M. Krall
Picture researcher: Diane Laska-Swanke
Translators: Tatiana Acosta and Guillermo Gutiérrez

Photo credits: Cover, title, pp. 7, 10, 11, 14, 16, 18, 20 Photofest; p. 4 Arnold Spielberg courtesy
of Getty Images; p. 6 Paramount Pictures courtesy of Getty Images; p. 9 © CBS Photo Archive/
Getty Images; p. 13 Universal Pictures courtesy of Getty Images; p. 19 © Dirck Halstead/Getty Images

Printed in the United States of America

1 2 3 4 5 6 7 8 9 09 08 07 06 05

Contenido

Las palabras del Glosario van en **negrita**
la primera vez que aparecen en el texto.

Capítulo 1: Juventud

Esta fotografía muestra a Steven y a sus padres a finales de la década de 1940.

Steven Spielberg nació el 18 de diciembre de 1946. Fue el primer hijo de su familia, que vivía en Cincinnati, Ohio. Cuando Steven tenía unos tres años, su familia se mudó a Nueva Jersey. Sus padres tuvieron tres hijos más, todas niñas.

A Steven le gustaba gastar bromas a sus hermanas. Algunas de sus bromas eran un poco pesadas. Una vez, Steven le cortó la cabeza a una muñeca y la "sirvió" en un plato con lechuga y tomate. A sus hermanas no les hizo gracia. En otra oportunidad, Steven puso una bombilla pequeñita dentro de una calavera de plástico y la escondió en un armario. Después, convenció a sus hermanas de que entraran al armario. Las niñas no paraban de gritar cuando vieron la calavera.

Steven no pasaba todo su tiempo libre asustando a la gente. También le gustaba jugar con la cámara de cine de su padre. Steven pensaba que las películas caseras que hacía su padre eran aburridas. Como estaba seguro de que él podía hacer algo mejor, empezó a filmar a su familia. ¡Filmar era muy divertido! Además, Steven tenía razón: tenía talento para hacer películas.

Primera película

Cuando Steven tenía once años, su familia se mudó a Arizona. Allí, Steven filmó su "primera" película. Steven la tituló *The Last Train Wreck*. La película, que duraba tres minutos, mostraba el choque de dos trenes de juguete. Steven filmó a los trenes muy de cerca y los pequeños vagones parecían enormes. En la película, ¡el choque parecía real!

En su juventud, a Steven le encantaban las escenas emocionantes como ésta.

Inicialmente, la mudanza a Arizona no fue fácil para Steven. Se sentía fuera de lugar y le costaba conocer gente. Pero descubrió que sus películas podían ayudarlo a hacer amigos. Cada vez más chicos querían actuar en sus películas.

Steven entró a los *Boy Scouts*. Allí, se dio a conocer por su talento para contar historias. A Steven le gustaba asustar a los otros chicos con cuentos de fantasmas. Además,

Steven recibió una medalla al mérito por hacer películas. A medida que iba aprendiendo y mejorando, Steven fue haciendo películas más largas. A los dieciséis años, hizo una película de cuarenta minutos, titulada *Escape to Nowhere*, sobre

Steven comenzó a hacer películas cuando era un chico. Años más tarde, dirigió *Jurassic Park* y otras películas famosas. Para ello, Steven usó todo lo que había aprendido y más.

unos soldados en combate. Para filmarla, Steven usó seis cámaras a la vez. *Escape to Nowhere* ganó el primer premio de una muestra de cine estudiantil. *Firelight*, la primera película de larga duración de Steven, se proyectó en un cine del centro de la ciudad en 1964.

Capítulo 2: Tiempos difíciles

Steven se divirtió en Arizona, pero esta buena época terminó. La familia de Steven volvió a mudarse, esta vez a California. Allí, Steven se sentía solo. En la escuela, algunos de los chicos más grandes lo trataban mal, se burlaban de él y le pegaban. Para colmo de males, los padres de Steven se divorciaron. Fue una época triste.

Aprender el oficio

Cuando terminó la escuela secundaria, Steven solicitó entrar en algunas de las escuelas de cine más prestigiosas. No lo aceptaron, porque sus notas no eran lo bastante altas. Ese otoño, Steven fue a una universidad estatal y estudió inglés, aunque no era lo que él quería.

Como vivía en la zona, Steven comenzó a pasar tiempo en las instalaciones de *Universal Studios*. Steven se prestaba para hacer cualquier trabajo y miraba cómo se hacían las películas. Quería aprender tanto como fuera posible. Su meta era conseguir un trabajo como **director**.

En 1968, Steven dio un gran paso: reunió dinero e hizo un cortometraje titulado *Amblin'*. La película salió bien y, una vez terminada, Steven se la mostró a gente de los estudios. La película gustó tanto, que le ofrecieron un trabajo como director de programas de televisión. Finalmente, Steven podría trabajar en algo que le encantaba.

Para Steven fue todo un reto dirigir su primer programa de televisión. Hacer el programa tomó varios días, y Steven estuvo todo el tiempo muy nervioso. Joan Crawford, una actriz muy famosa, era la estrella del programa. La señorita Crawford fue muy amable con

Alfred Hitchcock, un famoso director de cine, hizo películas de terror de las que Steven aprendió.

Joan Crawford protagonizó el primer programa de televisión que Steven dirigió.

Steven. Muchos años después, Steven dijo: "Joan Crawford me trató como si yo tuviera idea de lo que estaba haciendo, y no era el caso. La adoré por eso". Con la ayuda de la señorita Crawford y de los demás, Steven pudo realizar su trabajo. Después, siguió dirigiendo más programas de televisión.

En aquella época, algunos dijeron que Steven era muy joven para ser director. Después de todo, el director tiene muchas responsabilidades: tiene que supervisar la iluminación de cada escena, encargarse de la música y, por supuesto, dirigir a los actores. Era un trabajo muy serio para un joven de veintidós años. Pero Steven los sorprendió e hizo su trabajo muy bien.

En 1971, Steven trabajaba haciendo películas para

televisión. En *Duel*, una película de terror, Steven hizo un gran trabajo y consiguió asustar a los espectadores. Tras *Duel*, Steven pudo dirigir una película de verdad — es decir, una película de cine. Fue otro paso importante en su carrera.

Un enloquecido conductor de camión trata de atropellar a un hombre en la película *Duel*.

Capítulo 3: Director de cine

La primera película "de verdad" de Steven fue *Sugarland Express*. En esta película de acción, las persecuciones de autos llenan la pantalla, y los actores realizan emocionantes **escenas arriesgadas** con gran destreza. Steven dirigió esas escenas con gran acierto, y cuando la película se estrenó, el público las alabó. ¡La gente dijo que la dirección de la película había sido fantástica!

Éxito en el agua

La siguiente película de Steven, *Jaws*, trataba sobre un enorme y terrorífico tiburón. *Jaws* fue una película difícil de realizar. Para la filmación, Steven usó tiburones mecánicos que, aunque podían moverse, no funcionaban muy bien y se dañaban constantemente. Ése no fue el único problema, y Steven estuvo a punto de renunciar. Finalmente, no se rindió y terminó la película.

Millones de personas sintieron miedo del tiburón de la película *Jaws*. ¡No pensaban que un tiburón mecánico pudiera parecer tan real!

Cuando se estrenó en 1975, *Jaws* fue un gran éxito. La gente corrió a ver esta película, y se batieron récords en las taquillas. Con *Jaws*, que es aún una de las películas de mayor éxito de todos los tiempos, Steven se hizo famoso.

A continuación, Steven dirigió varias películas que tuvieron mucho éxito. *Close Encounters of the Third*

E.T. the Extra-Terrestrial fascinó a niños y adultos y es aún una de las películas más taquilleras de todos los tiempos.

Kind y *E.T. the Extra-Terrestrial* trataban sobre extraterrestres. Otras de las películas de Steven tenían mucha acción y **aventuras**. Steven hizo tres películas sobre el personaje Indiana Jones, llenas de escenas arriesgadas.

Steven trabajó mucho en la década de 1980 y dirigió bastantes películas. Además, comenzó a realizar otro trabajo: productor de cine. Los productores recaudan fondos para hacer sus películas y después deciden cómo, cuándo y dónde filmarlas. Producir una película es mucho trabajo. Como director y productor, Steven estaba muy ocupado. Trabajaba muchas horas al día y tenía poco tiempo libre.

Vida familiar

Aunque estaba muy ocupado, Steven encontró tiempo para enamorarse y en 1985 se casó con la actriz Amy Irving. Steven y Amy tuvieron un bebé, pero la pareja se separó después de cuatro años. Steven no duró mucho tiempo soltero y, de hecho, conoció a su segunda esposa mientras filmaba una película. La actriz Kate Capshaw se presentó para un personaje en *Indiana Jones and the Temple of Doom*. Kate consiguió el papel y el corazón de Steven. La pareja se casó en 1991.

Kate y Steven formaron una familia grande. Cada uno tenía un hijo de un matrimonio anterior y juntos tuvieron tres niños más. Además, Kate y Steven adoptaron una niña y un niño. En poco tiempo, la pareja tenía siete hijos.

La familia de Steven creció y también lo hizo su fama. En 1991, Steven estrenó *Hook*, una película sobre Peter Pan. Después vino *Jurassic Park*, una película sobre dinosaurios, que cautivó a niños y adultos por igual.

Jurassic Park fue un gran éxito. Estos amenazantes dinosaurios parecen muy reales, ¡y hambrientos!

Capítulo 4: Director premiado

Hasta ese momento, la mayoría de las películas de Steven contaban historias emocionantes y estaban llenas de **efectos especiales**. Eran películas muy entretenidas. Muchos se preguntaban si Steven era capaz de hacer otro tipo de cosas. ¿Podía Steven hacer una buena película sobre un tema serio? Algunos creían que no podía, y que sólo era capaz de hacer películas para divertir al público. No creían que fuera capaz de hacer una buena película sobre un hecho de la vida real.

Películas serias

No pasó mucho tiempo antes de que estas personas vieran que estaban equivocadas. En 1993, Steven estrenó *Schindler's List*. Esta película trata sobre una guerra real en la que murieron millones de personas. La mayoría no eran soldados, y no tenían que haber

Kate Capshaw, la esposa de Steve, tenía razones para gritar cuando actuó en *Indiana Jones and the Temple of Doom*.

sufrido, ni que haber muerto. La película, que muestra cómo un hombre trata de salvar a algunas de estas personas, es a la vez seria y triste. Steven realizó un gran trabajo, y el resultado fue una película excelente, que recibió muchos **galardones**. Entre otros, *Schindler's List* ganó los premios a la Mejor Película del Año y al Mejor Director. Ahora nadie podía poner en duda la capacidad de Steven.

Desde entonces, Steven ha filmado toda clase de películas. Algunas, como la película de guerra *Saving Private Ryan*, van dirigidas a un público adulto.

Steven también ha hecho películas sobre el futuro como *A.I. — Artificial Intelligence*, la historia de un robot que deseaba ser un niño de carne y hueso. Además, Steven ha hecho películas cómicas y le

En 1999, el Presidente Clinton y su esposa le dieron a Steven una medalla por su labor en el cine.

Peter Pan y el
Capitán Garfio
sacan sus
espadas en la
película *Hook*.

siguen gustando las películas de acción.

Steven ha progresado mucho desde que empezó a hacer películas caseras. A Steven le encanta su trabajo y experimentar cosas nuevas. Sus seguidores esperan que Steven continúe haciendo películas durante mucho tiempo.

Películas de Steven Spielberg

Steven ha hecho muchas películas. Abajo aparecen sus títulos más conocidos.

Saving Private Ryan, 1998

Jurassic Park, 1993

Schindler's List, 1993

Hook, 1992

Indiana Jones and the Last Crusade, 1989

The Color Purple, 1985

Indiana Jones and the Temple of Doom, 1984

E.T. the Extra-Terrestrial, 1982

Raiders of the Lost Ark, 1981

Close Encounters of the Third Kind, 1977

Jaws, 1975

Glosario

aventura — suceso emocionante o peligroso

director — persona encargada de organizar y filmar las escenas de una película

efectos especiales — sucesos no reales que se muestran en una película. Con frecuencia, los efectos especiales se hacen en computadora.

escenas arriesgadas — acciones emocionantes que por lo general realizan actores con una preparación especial

galardones — premios

Más información

Otros libros en español de Weekly Reader Early Learning Library

El tiempo de aquí por Anita Ganeri:

- *La lluvia*
- *La nieve*
- *El sol*
- *El viento*

¡Vámonos! por Susan Ashley:

- *En autobús*
- *En carro*
- *Por avión*
- *Por tren*

Índice

Información sobre la autora

Jonatha A. Brown ha escrito varios libros para niños. Vive en Phoenix, Arizona, con su esposo y dos perros. Si alguna vez te pasas por allí y ella no está trabajando en algún libro, lo más probable es que haya salido a cabalgar o a ver a uno de sus caballos. Es posible que esté fuera un buen rato, así que lo mejor es que regreses más tarde.